À Glen (alias Poppy G.), toujours prêt à plonger. – S. M.

À Katie, Benny et George. – D. L.

Aux glaciers – Gardez la tête froide! – O.

Catalogage avant publication de Bibliothèque et Archives Canada

Titre: Moi, l'océan : essentiel à la vie / Stacy McAnulty ; illustrations de David Litchfield ;
texte français de France Gladu.
Autres titres: Ocean! Français
Noms: McAnulty, Stacy, auteur. | Litchfield, David, illustrateur.
Description: Traduction de : Ocean! : waves for all.
Identifiants: Canadiana 20200371932 | ISBN 9781443189392 (couverture souple)
Vedettes-matière: RVM: Mer—Ouvrages pour la jeunesse. | RVM: Écologie marine—Ouvrages pour la jeunesse.
Classification: LCC GC21.5 .M3314 2021 | CDD j551.46—dc23

Édition publiée par les Éditions Scholastic, 604, rue King Ouest, Toronto (Ontario) M5V 1E1, en vertu d'une entente conclue avec Henry Holt and Company.
Henry Holt® est une marque déposée de Macmillan Publishing Group, LLC.

5 4 3 2 1   Imprimé en Chine 38   21 22 23 24 25

Conception graphique de Sophie Erb
Les illustrations de ce livre ont été réalisées à l'aide de crayons, d'encre, d'aquarelle et d'outils numériques.

MOI, L'OCÉAN
ESSENTIEL À LA VIE

TEXTE ANGLAIS DE L'océan **(ET DE STACY MCANULTY)**

ILLUSTRATIONS DE L'océan **(ET DE DAVID LITCHFIELD)**

TEXTE FRANÇAIS DE L'océan **(ET DE FRANCE GLADU)**

SCHOLASTIC

Salut moussaillon, je suis l'OCÉAN.

Mais j'ai d'autres noms, aussi.
Tu les connais?
Atlantique, Pacifique,
Arctique, Indien, Austral.
Tout ça, c'est moi!

Rien n'arrête mon eau salée.
Elle s'étend partout sur la planète.

Je suis Liiiibre!

Si la Terre porte le surnom de planète bleue,
c'est parce que mes formidables
eaux profondes tourbillonnent sur
71 % de sa surface.

Je n'ai pas de drapeau. Pas de nationalité.
Mes vagues sont pour tout le monde!

J'étais là **avant** l'air que tu respires, moussaillon.

J'existe depuis environ **quatre milliards d'années.**

Mon eau salée, H_2O pour les intimes, s'est formée quand la jeune Terre s'est mise à refroidir.

Jusque-là, ça *baigne!*

Mais je proviens peut-être
aussi de comètes de glace.

OUILLE!

Pendant des
millions d'années,
j'ai vécu
en solitaire.

Puis les continents
sont nés.

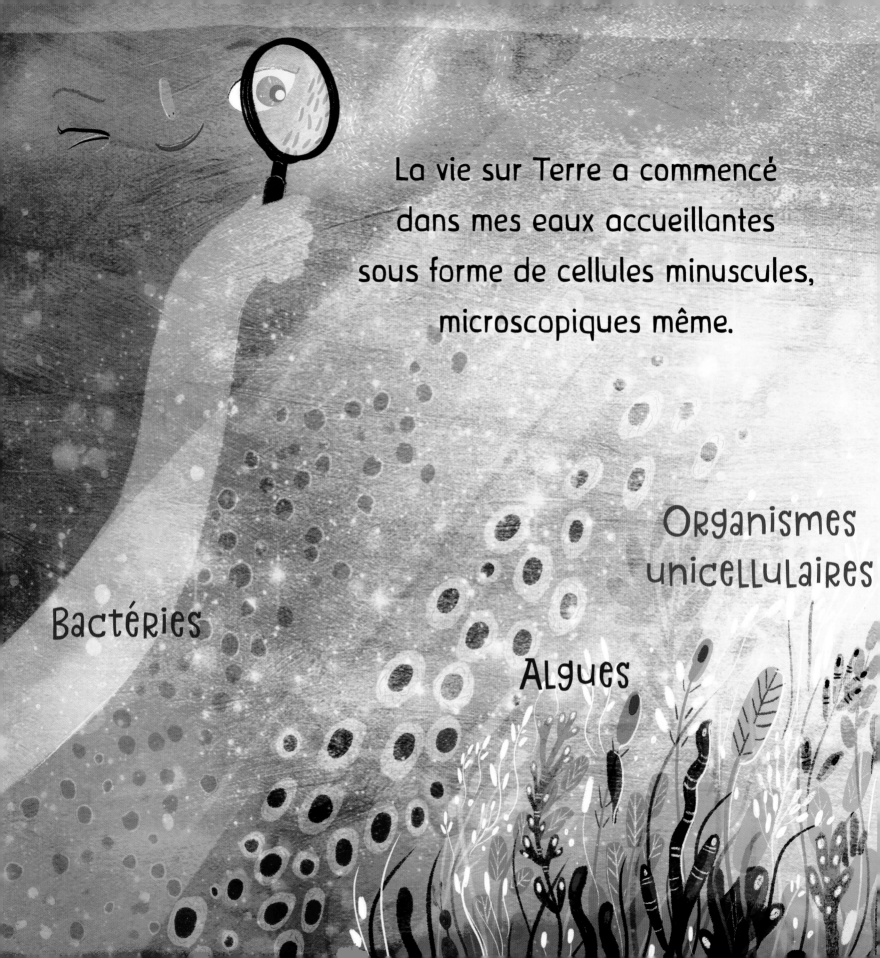

La vie sur Terre a commencé dans mes eaux accueillantes sous forme de cellules minuscules, microscopiques même.

Organismes unicellulaires

Bactéries

Algues

Mais elle a évolué. Elle est devenue
super intéressante et continue
de changer.

Méduses

Poissons

Organismes
Pluricellulaires

Plantes

Je suis si fier de toute cette vie que je me suis fait un album de records.

Mes trésors...

Le plus gros animal. À côté de lui, un dinosaure ne fait pas le poids!

La plus longue chaîne de montagnes.
Découvre la dorsale océanique.

La plus vaste structure vivante. La Grande barrière de corail. On la voit même de la Lune. Plutôt génial, non?

J'en brasse, des affaires : or, pétrole, argent... et même des diamants!

Pas besoin de bitume, je suis l'autoroute suprême. Plus de 50 000 navires marchands circulent chaque jour sur mes flots.

Aliments, vêtements, jouets, livres, planches de surf : j'apporte tout ce qu'il te faut, moussaillon.

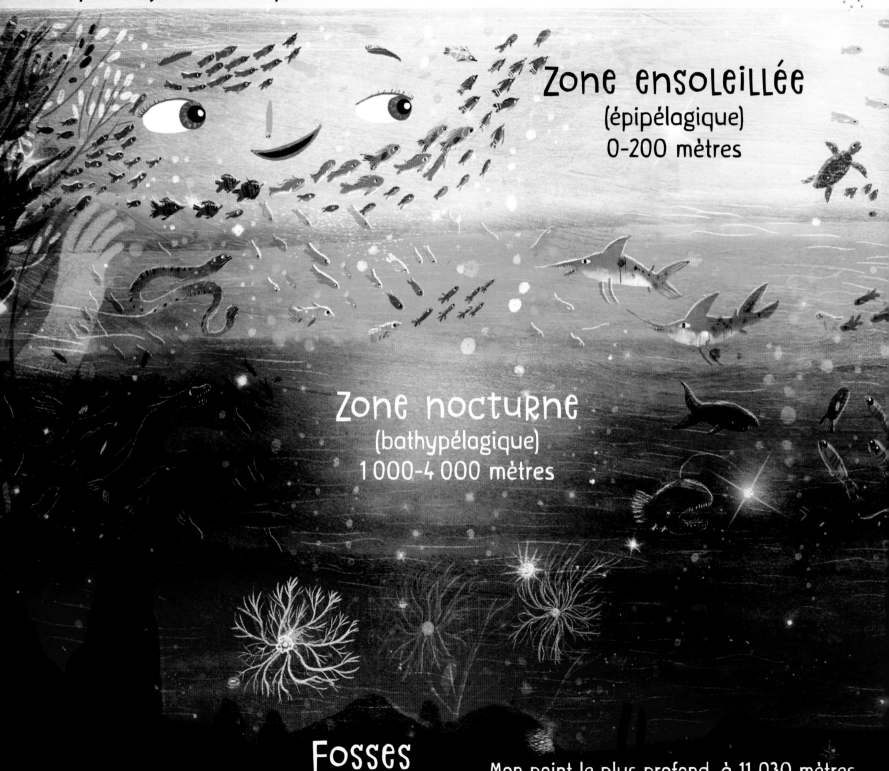

Et puis, j'ai de la profondeur, moi!

Zone ensoleillée
(épipélagique)
0-200 mètres

Zone nocturne
(bathypélagique)
1 000-4 000 mètres

Fosses
(zone hadopélagique)
6 000 mètres et plus

Mon point le plus profond, à 11 030 mètres, se trouve dans la fosse des Mariannes. Je pourrais engloutir le mont Everest!

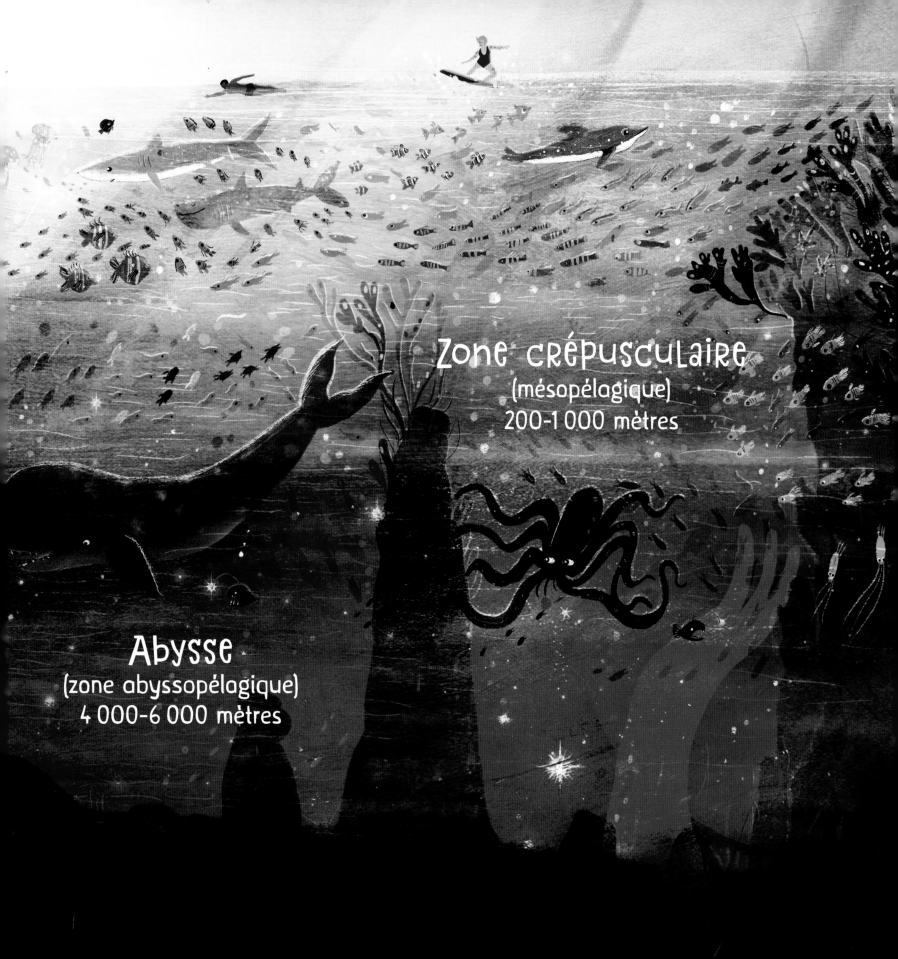

Zone crépusculaire
(mésopélagique)
200-1 000 mètres

Abysse
(zone abyssopélagique)
4 000-6 000 mètres

La Lune contrôle mes marées.

Hautes et basses.

Deux fois par jour.

Nous sommes en harmonie.

Et je maintiens l'équilibre
du climat de la Terre.
Du moins, j'essaie.

Je suis ton
SUPER COPAIN.
Ton ami.

Sans moi, pas d'animaux,
pas de plantes.
Pas de moussaillon.

Je veux être connu.
Tu as de plus belles
photos de Mars que
de moi, moussaillon.
C'est TROP injuste!

Plus d'humains ont visité
le COSMOS que mes profondeurs.
Génial pour le cosmos. NUL pour moi.

Environ 90 % de mes eaux sont obscures, froides,
mais quand même franchement SPÉCIALES.

J'ai plein de secrets à partager.

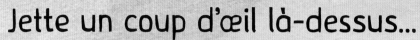
Jette un coup d'œil là-dessus...

Vers à tube

Pourtant, moussaillon, la situation me PLONGE dans l'inquiétude.

De grandes îles de plastique et de déchets flottent dans mes eaux.

Dégoûtant!

Des créatures marines luttent pour survivre. Et la surpêche est un gros problème.

Les glaciers et les icebergs fondent à vitesse grand V.

Mais ensemble, on peut
refaire surface.

Et naviguer en
eaux calmes.

Je suis ton VOISIN. Ton ami.
Ton PASSÉ et ton AVENIR.

Je suis
l'OCÉAN,
moussaillon.

Chers petits et grands amis de l'océan,

Je vous le demande : que serait la Terre sans l'océan? Certainement pas cette planète généreuse dont nous dépendons. Car l'eau est essentielle à la vie sur Terre. Savez-vous que l'océan fournit la moitié de l'oxygène qui compose notre atmosphère et qu'il règle la température terrestre? Et puis, il faut bien le dire, la nage, le surf et la voile seraient drôlement moins amusants à pratiquer sur la terre ferme!

Quand on y pense, c'est tout de même étonnant que nous en connaissions si peu sur l'océan, alors qu'il recouvre 71 % de notre planète! Ses vagues dissimulent des quantités de secrets qui attendent patiemment que les scientifiques d'aujourd'hui et de demain les découvrent. Avis à tous ceux et celles que les trésors marins intéressent!

Joyeux clapotis à tous,

Stacy McAnulty

Auteure, « moussaillonne » et chercheuse d'étoiles de mer

P.-S. Je m'efforce de vous apporter de l'information exacte et amusante, mais nous en apprenons sans cesse davantage sur la Terre et sur l'océan, et j'espère bien que les sciences continueront de nous renseigner et de nous faire évoluer (bravo, les chercheurs!).

Combien d'océans y a-t-il?

Il y a, en fait, un océan mondial et aucune barrière, aucune terre, aucun mur ne le divise. Les humains ont toutefois choisi de le séparer en cinq (ou en quatre) océans : Atlantique, Pacifique, Arctique, Indien et Austral (le « nouvel océan » ou le cinquième). On illustre cette séparation sur les cartes et sur les globes terrestres, mais elle ne se voit pas sur notre vraie planète.

L'océan en nombres

L'océan recouvre 71 % de la surface de la Terre.

Plus de 80 % de l'océan demeure inexploré.

La profondeur de l'océan est en moyenne de 3,7 kilomètres.

Challenger Deep, le point le plus profond mesuré dans l'océan, se trouve dans la fosse des Mariannes, à 11 kilomètres sous le niveau de la mer.

La baleine bleue peut atteindre près de 30 mètres de longueur et peser 150 000 kilogrammes, ce qui en fait le plus gros animal de l'océan (et de la planète).

La dorsale océanique, ou crête médio-océanique, est la plus longue chaîne de montagnes de la Terre : elle mesure 65 000 kilomètres.

Le plancher de l'océan Atlantique s'élargit de 1 à 10 centimètres par année.

La Grande barrière de corail s'étend sur 350 000 kilomètres carrés : elle est presque aussi grande que la province de Terre-Neuve-et-Labrador (405 720 kilomètres carrés).

Questions à l'océan : que préférerais-tu?

Tu veux bien jouer avec nous, cher océan?

Question 1 : Préférerais-tu être un liquide ou un solide gelé?

Océan : Solide, liquide, gaz. Je ne peux pas choisir seulement un état de la matière, moussaillon! Ce n'est pas comme choisir un état d'esprit. Là, ce serait facile, je choisirais « cool ». Solide, liquide : j'aime l'un et l'autre. D'ailleurs, environ 15 % de ma surface est recouverte de glace de mer au moins une partie de l'année. L'eau douce se transforme en glace lorsqu'elle atteint 0 degré Celsius. L'eau salée comme la mienne gèle plutôt à -2 degrés Celsius.

Question 2 : Préférerais-tu nager avec une baleine ou avec un requin?

Océan : J'aime toutes les créatures qui nagent dans mes eaux accueillantes, des 90 espèces de baleines, de dauphins et de marsouins aux quelque 500 espèces de requins. Même le plancton et ses minuscules crustacés sont les bienvenus. Poissons, mammifères, reptiles, oiseaux : j'ai de la place pour tout le monde! Pour tout le monde, oui, mais pas pour les objets en plastique. Ceux-là, je ne les veux pas dans mes vagues.

Question 3 : Préférerais-tu manger seulement des tacos ou seulement de la pizza?

Océan : Ni moi ni aucune des espèces que j'abrite ne consommons d'aliments venant des humains. Tu aimes les tacos et la pizza? Très bien! Mais évite de partager ton repas avec les oiseaux de mer, les poissons ou tout autre organisme non humain. Je suis déjà un parfait écosystème pour les créatures, grandes et petites, et je leur procure les aliments et l'harmonie dont elles ont besoin. Que ce soit bien clair, moussaillon!

Océan : À mon tour, tiens. Préférerais-tu vivre sur une planète où l'eau est saine et propre, ou sur une planète où la mer est malade? Question difficile, hein? Pour assurer sa paix et sa prospérité, la Terre a besoin d'un océan sain. Lis ce qui suit et tu apprendras comment me garder heureux et en santé.

Pour prendre soin de l'océan...

1. Réduis ton utilisation de plastique. Des îles de plastique flottent sur l'océan. Se servir de bouteilles d'eau et de sacs d'épicerie réutilisables aide à réduire les quantités de plastique dans notre environnement.

2. Recycle. Fais le tri de tes déchets et place les ordures recyclables dans les bacs appropriés. Si nos bouteilles, nos conserves et notre papier vont au centre de recyclage, ils risquent moins de se retrouver dans les belles vagues bleues de l'océan.

3. Conserve l'eau. Même si tu habites à 1 000 kilomètres d'une plage, les eaux usées peuvent circuler de chez toi jusqu'à l'océan. Éviter de laisser couler l'eau lorsqu'on se brosse les dents, prendre une douche rapide plutôt qu'un bain, réparer les toilettes qui coulent : voilà de bonnes habitudes!

4. Fais le ménage. Porte-toi volontaire pour nettoyer les plages de ta région. On ne jette jamais d'objets par-dessus bord et on ne laisse aucun déchet sur la plage, tu le sais bien.

5. Consomme des produits de la mer issus de la pêche durable. Le poisson est un aliment sain et délicieux... mais la surpêche entraîne de graves problèmes. Lorsqu'on achète des poissons ou des fruits de mer, on s'assure qu'ils proviennent d'une pêche durable. Les sites Internet du gouvernement du Canada peuvent te renseigner sur les bons choix à faire.

6. Utilise moins d'énergie en général. Éteindre les lumières, débrancher l'ordinateur, préférer la marche à la voiture : même modestes, ces efforts contribuent à réduire la pollution qui détériore l'océan et la Terre.

7. Méfie-toi des produits chimiques. Tout ce qui s'écoule dans l'évier et le lavabo risque d'atteindre l'océan. On doit donc lire avec soin les étiquettes qui indiquent comment se débarrasser correctement d'un produit dangereux.

8. Rédige une lettre. Informe tes amis de ce que tu sais au sujet de la pollution et, ensemble, écrivez aux personnes qui font les lois pour leur dire que la santé de l'océan vous préoccupe.